Tous ensemble 3

Vokabellernheft

Ernst Klett Verlag
Stuttgart Leipzig

Vorwort

Vokabeln lernen mit dem Vokabellernheft

Dieses Vokabellernheft im Taschenformat soll dich weiterhin begleiten und dir dabei helfen, auch den Lernwortschatz von *Tous ensemble* 3 zu wiederholen.

Du kannst dich damit in Pausen oder im Bus auch auf Vokabeltests vorbereiten.

Am besten hast du beim Lernen immer einen Bleistift zur Hand. So kannst du Wörter markieren, die du schwierig oder seltsam findest.

Kurz zur Erinnerung: ✎ Am Ende einer *Leçon* gibt es einen Teil zum Hineinschreiben. Hier geht es darum, das Gelernte selbst zu ordnen und zu wiederholen. So kannst du die Wörter viel besser behalten.

Viele finden solche Wörtchen wie *ensuite*, *parfois* oder *chacun* besonders schwierig. Deshalb wirst du immer mal wieder aufgefordert, diese „verflixten kleinen Wörter" aufzuschreiben.

Manche Wörter kann man sich leichter merken, manche schwerer. Das ist ganz normal. Am Ende einer *Leçon* wirst du gefragt, welche Wörter dir immer wieder Schwierigkeiten machen, sei es beim Behalten oder beim Aussprechen. Schreibe sie auf und wiederhole sie in regelmäßigen Abständen. So kannst du die besonders Widerspenstigen in den Griff bekommen. Notiere auch, welche Wörter du „komisch" oder „interessant" findest!

Weiterhin
Bon courage

Dein *Tous ensemble*-Team

LEÇON 1

TIPP: *Lass dich von der Anzahl neuer Vokabeln nicht abschrecken. Viele Wörter kennst du bereits aus anderen Sprachen: guitariste, applaudir, info, possible …*

D'abord: On cherche un guitariste!

un **guitariste**/une **guitariste** [ɛ̃gitaʀist/yngitaʀist]	ein Gitarrist/eine Gitarristin
qui [ki]	*Relativpronomen, Subjekt*
un **mois** [ɛ̃mwa]	ein Monat
jouer de la musique [ʒwedəlamyzik]	Musik machen
la **musique pop-rock** [lamyzikpɔpʀɔk]	die Rock-Pop-Musik
que [kə]	*Relativpronomen, Objekt*
où [u]	*Relativpronomen, Ort*
répéter qc [ʀepete]	etw. wiederholen; *hier:* üben

A La première répétition

une **répétition** [ynʀepetisjɔ̃]	eine Wiederholung/Probe
mettre de l'ambiance *(f.)* [mɛtʀdəlɑ̃bjɑ̃s]	für Stimmung sorgen
être gêné/gênée [etʀʒene]	verlegen sein
un **frimeur**/une **frimeuse** *(fam.)* [ɛ̃fʀimœʀ/ynfʀimøz]	ein Angeber/Schaumschläger/ eine Angeberin/Schaumlägerin *(ugs.)*
un **vrai frimeur** [ɛ̃vʀefʀimœʀ]	ein echter Angeber
la **batterie** [labatʀi]	das Schlagzeug
la **guitare** [lagitaʀ]	die Gitarre
la **guitare basse** [lagitaʀbas]	die Bassgitarre
le **clavier** [ləklavje]	*hier:* das Keyboard
le **chef** [ləʃɛf]	der Chef; *hier:* der Bandleader
un **chanteur**/une **chanteuse** [ɛ̃ʃɑ̃tœʀ/ynʃɑ̃tøz]	ein Sänger/eine Sängerin
finir qc [finiʀ]	etw. beenden/mit etw. aufhören

LEÇON 1

C'est bon. [sɛbɔ̃]	Das ist gut./o.k.
un **instrument (de musique)** [ɛ̃nɛ̃stʁymɑ̃(dəmyzik)]	ein (Musik-)Instrument
choisir qc [ʃwaziʁ]	etw. wählen/aussuchen
un **morceau**/des **morceaux** [ɛ̃mɔʁso/demɔʁso]	ein Stück/Stücke
Ça marche bien. [samaʁʃbjɛ̃]	Es geht/klappt gut.
remarquer qc [ʁəmaʁke]	etw. (be-)merken
applaudir qn [aplodiʁ]	jdm. applaudieren/(Beifall) klatschen
eux [ø] *(m., pl.)*	sie (betont) *(m., pl.)*
Ça ne va pas, non? *(fam.)* [san(ə)vapanɔ̃]	Du spinnst wohl! *(ugs.)* Aber sonst geht's danke!
seul/seule [sœl]	allein
même [mɛm]	sogar
réfléchir [ʁefleʃiʁ]	(sich) überlegen/nachdenken
Je ne sais pas si … [ʒənəsɛpasi]	Ich weiß nicht, ob …

Atelier

2	**a partir du texte** [apaʁtiʁdytɛkst]	vom Text ausgehend
5	une **décision** [yndesizjɔ̃]	eine Entscheidung
	prendre une décision [pʁɑ̃dʁyndesizjɔ̃]	eine Entscheidung treffen
	finir le coca [[finiʁləkɔka]	*hier:* die Cola austrincken

B *Les Loustiks* paniquent!

l'**été** *(m.)* [lete]	der Sommer
un **concert** [ɛ̃kɔ̃sɛʁ]	ein Konzert
depuis [dəpɥi]	seit
espérer (que) [ɛspeʁe]	hoffen (, dass)
installer qc [ɛ̃stale]	*hier:* etw. aufbauen
le **matériel** [ləmateʁjɛl]	die Ausrüstung
presque [pʁɛsk]	fast/beinahe
prêt/prête [pʁɛ/pʁɛt]	fertig/bereit
croire (que) [kʁwaʁ]	glauben (, dass)

LEÇON 1

appeler qn [apəle]	jdn. anrufen
J'ai son numéro sur moi. [ʒesɔ̃nymeRosyRmwa]	Ich habe seine (Telefon-)Nummer bei mir.
il nous reste qc [ilnuRɛst]	uns bleibt etw./wir haben etw.
un **quart d'heure** [ɛ̃kaRdœR]	eine Viertelstunde
une **star** [ynstaR]	ein Star
dernier/dernière [dɛRnje/dɛRnjɛR]	letzter/letzte/letztes
exagérer [ɛgzaʒeRe]	übertreiben
sans lui [sɑ̃lɥi]	ohne ihn
de toute façon [dətutfasɔ̃]	auf jeden Fall; *hier:* sowieso
le **courant** [ləkuRɑ̃]	der Strom
fermé/fermée [fɛRme]	geschlossen
possible/possible [pɔsibl]	möglich
Ce n'est pas possible! [sənɛpapɔsibl]	Das darf doch (wohl) nicht wahr sein!
une **solution** [ynsɔlysjɔ̃]	eine Lösung
tomber malade [tɔ̃bemalad]	krank werden
compter sur qn [kɔ̃tesyR]	sich auf jdn. verlassen
peu de ... [pødə]	wenig/wenige
autour de ... [otuRdə]	um ... herum

Atelier

3	**Dis Johnny, ...** [didʒɔni]	Sag mal, Johnny ...
5	un **reportage** [ɛ̃RəpɔRtaʒ]	eine Reportage
	avoir tort [avwaRtɔR]	Unrecht haben

✎ Welche Wörter kannst du vom Deutschen ableiten?
Nenne mindestens fünf.

_____   _____

_____   _____

_____   _____

LEÇON 1

📝 **Wie lautet das *Gegenteil*?**

avec lui ≠ _____

ouvert/ouverte ≠ _____

beaucoup de ≠ _____

premier/première ≠ _____

commencer qc ≠ _____

un problème ≠ _____

tous ensemble ≠ _____

📝 **Welche Vokabeln kennst du, die mit dem Sachfeld *le concert* zu tun haben? Nenne mindestens acht.**

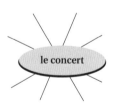

LEÇON 1

✎ Du hast in Leçon 1 vier Verben auf *-ir* kennen gelernt.
Notiere drei und übersetze sie.

_____

_____

_____

✎ Wähle ein Verb auf *-ir* aus und konjugiere es.

je _____

tu _____

il/elle _____

nous _____

vous _____

ils/elles _____

✎ Welches Wort passt nicht? Markiere es.

une décision   une solution   un reportage

choisir   croire   réfléchir

une batterie   un clavier   un morceau

depuis   une star   une chanteuse

installer   le courant   remarque

LEÇON 1

✎ **Die verflixten kleinen Wörter. Übersetze sie.**

fast/beinahe _____

sogar _____

seit _____

✎ **Welches Verb wird wie *espérer* konjugiert?**
Suche es im Lektionsvokabular heraus und konjugiere es.

_____

_____

_____

_____

_____

_____

✎ **Was sagst du in dieser Situation?**
Kreuze an.

Johnny joue beaucoup trop fort.

☐ 1. C'est intéressant. ☐ 4. Ce n'est pas possible!

☐ 2. Ça ne va pas, non? ☐ 5. J'ai son numéro sur moi.

☐ 3. Ça marche très bien. ☐ 6. C'est bon.

LEÇON 1

✎ Verbinde die Wörter zu sinnvollen Wortverbindungen.

- compter
- prendre
- malade
- tomber
- une décison
- sur qn

✎ Wähle zwei Wörter aus dem Lektionswortschatz aus und zeichne sie. Dein Mitschüler/Deine Mitschülerin benennt auf Französisch, was du gezeichnet hast.

✎ Welche Wörter der Lektion …

… ich mag	… ich nicht mag	Der Grund:

LEÇON 2

TIPP: *Baue dir beim Lernen Eselsbrücken. se réveiller: klingt ähnlich wie „Wecker". se coucher klingt so ähnlich wie „sich kuscheln".*

D'abord: Les Lopez s'organisent …

s'organiser [sɔʀganize]	sich organisieren
s'occuper de qn/qc [sɔkypedə]	sich um jdn./etw. kümmern
se retrouver [səʀətʀuve]	sich treffen
se demander si … [sədəmɑ̃desi]	sich fragen, ob …
la **bouffe** *(fam.)* [labuf]	das Essen/Futtern *(ugs.)*
se réveiller [səʀeveje]	aufwachen/wach werden
gna gna gna [ɲaɲaɲa]	*kindl. Ausdruck, um jdn. zu ärgern*
Ça suffit! [sasyfi]	Das reicht!
faire de la place [fɛʀdəlaplas]	Platz machen
se dépêcher [sədepeʃe]	sich beeilen
On va voir ça tout de suite. [õvavwaʀsatutsɥit]	Das werden wir gleich sehen/klären.
un **bus** [ɛ̃bys]	ein Bus

A A table!

le **repas** [ləʀəpa]	das Essen/die Mahlzeit
Qu'est-ce que vous savez des repas en France?	Was wisst ihr über das Essen in Frankreich?
se mettre à table [səmɛtʀatabl]	zu Tisch/zum Essen kommen
se servir [səsɛʀviʀ]	sich bedienen
chaud/chaude [ʃo/ʃod]	warm; *hier:* heiß
différent/différente [difeʀɑ̃/difeʀɑ̃t]	anders/verschieden/unterschiedlich
un **lycée** [ɛ̃lise]	ein Gymnasium/Lycée

LEÇON 2

(être) **pareil/pareille** [paʀɛj/paʀɛj]	gleich (sein)
froid/froide [fʀwa/fʀwad]	kalt
le **beurre** [ləbœʀ]	die Butter
vouloir dire qc [vulwaʀdiʀ]	*hier:* etw. meinen
la **charcuterie** [laʃaʀkytʀi]	der Aufschnitt
si [si]	so *(+ Adverb)*
le **vin** [ləvɛ̃]	der Wein
boire [bwaʀ]	trinken
en anglais [ɑ̃nɑ̃glɛ]	auf Englisch
une **mousse au chocolat** [ynmusoʃɔkɔla]	*ein typisch französischer Nachtisch*
le **souci** [ləsusi]	die Sorge
Pas de souci! [padsusi]	Keine Sorge!
se lever [sələve]	aufstehen
tôt [to]	früh
la **salle de bains** [lasaldəbɛ̃]	das Bad/ Badezimmer
se doucher [səduʃe]	duschen
un **pyjama** [ɛ̃piʒama]	ein Schlafanzug
se coucher [səkuʃe]	ins/zu Bett gehen
la **nuit** [lanɥi]	die Nacht
Bonne nuit! [bɔnnɥi]	Gute Nacht!

Atelier

2 une **différence** [yndifeʀɑ̃s] ein Unterschied

B Réviser ou s'amuser?

réviser qc [ʀevize]	etw. wiederholen
s'amuser [samyze]	Spaß haben/sich amüsieren
un **séjour** [ɛ̃seʒuʀ]	ein Aufenthalt
s'entendre avec qn [sɑ̃tɑ̃dʀavɛk]	sich mit jdm. verstehen
le **téléphérique** [ləteleferik]	die Seilbahn
une **fête d'adieu** [ynfɛtdadjø]	eine Abschiedsparty
la **vie** [lavi]	das Leben
se compliquer la vie [səkɔ̃plikelavi]	sich das Leben schwer machen

LEÇON 2

sévère/sévère [sevɛʀ]	streng
une **bulle** *(fam.)* [ynbyl]	eine Blase; *hier:* eine Null (*als Note*, ugs.)
avoir une bulle *(fam.)*	Null Punkte haben *(ugs.)*
avoir une heure de colle [avwaʀynœʀdəkɔl]	eine Stunde nachsitzen (müssen)
pomper *(fam.)* [pɔ̃pe]	abschreiben *(ugs.)*
le **bulletin de notes** [ləbyltɛ̃dənɔt]	das Zeugnis
avoir zéro [avwaʀzeʀo]	Null Punkte haben
copier sur qn [kɔpjesyʀ]	*hier:* bei jdm. abgucken/abschauen/abschreiben
être en train de faire qc [ɛtʀɑ̃tʀɛ̃dəfɛʀ]	dabei sein etw. zu tun
se préparer [səpʀepaʀe]	sich vorbereiten
s'habiller [sabije]	sich anziehen
venir de faire qc [vəniʀdəfɛʀ]	etw. gerade getan haben
se faire du souci [səfɛʀdysusi]	sich Sorgen machen
quand même [kɑ̃mɛm]	trotzdem

Atelier

3 un **rêve** [ɛ̃ʀɛv] ein Traum

C La semaine s'est bien passée.

se passer [səpase]	sich ereignen
La semaine s'est bien passée. [las(ə)mɛnsɛbjɛ̃pase]	Die Woche ist gut verlaufen/ging gut vorüber.
se quitter [səkite]	sich trennen/Abschied nehmen
avoir cours *(m., sg.)* [avwaʀkuʀ]	Unterricht haben
une **surprise** [ynsyʀpʀiz]	eine Überraschung
se blesser [səblɛse]	sich verletzen
se reposer [səʀəpoze]	sich ausruhen
un certain/une certaine/certains/certaines … [ɛ̃sɛʀtɛ̃/ynsɛʀtɛn]	ein gewisser/eine gewisse/gewisse/einige …
d'autres [dotʀ]	andere

LEÇON 2

le **buffet** [ləbyfɛ]	das Büfett
donc [dõk]	also
oublier l'heure (f.) [ublijelœR]	die Zeit vergessen
s'excuser [sɛkskuze]	sich entschuldigen
se calmer [səkalme]	sich beruhigen

Atelier

5 le **contraire** (de) [ləkõtRɛR]   das Gegenteil (von)

✎ Wie heißt das Wort? Ergänze, was fehlt: *e, ê, é* oder *è*.

```
r_v_       s'_xcus_r      quand m_m_

t_l_ph_riqu_     se pr_par_r     s_v_r_

se d_p_ch_r     contrair_      surpris_
```

✎ Welche Wörter kennst du, die mit dem Sachfeld *l'école* zu tun haben? Nenne mindestens fünf.

LEÇON 2

✎ Welche Sätze passen zu welchem Bild?
Trage die Nummer ein.

☐ ☐

1. Il vient de se doucher.
2. Il est en train de téléphoner.
3. Il vient de se réveiller.
4. Il a une heure de colle.
5. Il est en train de se reposer.
6. Il est en train de prendre son petit déjeuner.
7. Il vient de commander une pizza.

✎ Markiere alle reflexiven Verben mit einem grünen Textmarker. Notiere anschließend die reflexiven Verben, die dir Probleme bereiten.

_____

_____

✎ Welche Verben hat dein Nachbar/deine Nachbarin notiert?

_____

✎ Notiere ein Wort aus derselben Wortfamilie.

rêver _____

vivre _____

un blessé _____

LEÇON 2

Übersetze.

er wacht auf _____

wir beeilen uns _____

ich heiße _____

die Mädchen ziehen sich an _____
_____

du ruhst dich aus _____

ihr entschuldigt euch _____

wir machen uns Sorgen _____

ich beruhige mich _____

Was sagst du, wenn …

– … dir etwas reicht?
_____

– … du dich fragst, ob die Austauschschüler gut ankommen werden?
_____
_____

– … du die Seilbahn nimmst?
_____

– … die Woche gut verlaufen ist?
_____

– ... du wissen willst, wie etwas war?

___

– ... du jemandem eine gute Nacht wünschst?

___

✎ Welche Aktivitäten aus dem Lektionswortschatz passen zu folgenden Tageszeiten? Kennst du weitere Aktivitäten, die du in das Vokabelnetz integrieren kannst?

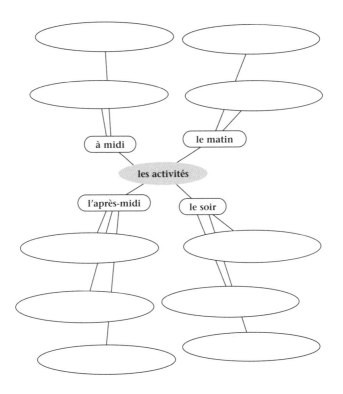

LEÇON 2

Wie lautet das Gegenteil?

tard ≠ _____

chaud/chaude ≠ _____

se lever ≠ _____

le jour ≠ _____

Diese Wörter fand ich in Leçon 2 besonders …

… leicht zu merken	… schwer zu merken

LEÇON 3

> **TIPP:** *Dein Gehirn arbeitet am besten, wenn du gut „drauf" bist. Bringe dich vor dem Lernen neuer Vokabeln in die richtige Stimmung. Höre deinen Lieblingssong, mache ein paar Kniebeugen, verschicke zum Beispiel eine nette SMS.*

D'abord: Quand j'habitais à Arras …

il y a [ilja]	vor *(zeitlich)*
pour rien [puRRjẽ]	wegen nichts; *hier:* wegen jeder Kleinigkeit
revenir [RəvəniR]	zurückkommen/zurückkehren
un **théâtre** [ẽteatR]	ein Theater
devenir [dəvəniR]	werden
un **acteur**/une **actrice** [ẽnaktœR/ynaktRis]	ein Schauspieler/eine Schauspielerin
devenir acteur [dəvəniRaktœR]	Schauspieler werden
un **jour** [ẽʒuR]	eines Tages
une **annonce** [ynanõs]	eine Anzeige
une **offre** [ynɔfR]	ein Angebot
un **détail** [ẽdetaj]	eine Einzelheit
un **casting** [ẽkastiŋ]	ein Casting
une **série** [ynseRi]	eine Serie
une **audition** [ynodisjõ]	ein Vorsprechen
un **studio** [ẽstydjo]	ein Studio
un **renseignement** [ẽRɑ̃sɛɲəmɑ̃]	eine Information/Auskunft

A   Les grands espoirs de Didier

l'**espoir** *(m.)* [lɛspwaR]	die Hoffnung
se présenter [səpRezɑ̃te]	sich vorstellen
se présenter à un casting [səpRezɑ̃teaẽkastiŋ]	sich um ein Casting bewerben

LEÇON 3

une **auberge de jeunesse** [ynobɛʀʒdəʒœnɛs]	eine Jugendherberge
un **coiffeur**/une **coiffeuse** [ɛ̃kwafœʀ/ynkwaføz]	ein Friseur/eine Friseurin
ensuite [ɑ̃sɥit]	dann/danach
s'acheter qc [saʃte]	sich etw. kaufen
appeler qn [aple]	*hier:* jdn. aufrufen
il a dû [ilady]	er musste
le **jury** [ləʒyʀi]	die Jury
noter qc [nɔte]	etw. notieren
sûr/sûre [syʀ/syʀ]	sicher
être sûr/sûre de … [ɛtʀsyʀdə]	selbstsicher sein
avoir le cafard *(fam.)* [avwaʀləkafaʀ]	schlecht drauf sein/Trübsal blasen *(ugs.)*
se changer les idées [səʃɑ̃ʒelezide]	auf andere Gedanken kommen
le **couscous** [ləkuskus]	*nordafrikanisches Gericht*
découvrir qc [dekuvʀiʀ]	etw. entdecken
commencer à faire qc [kɔmɑ̃seafɛʀ]	anfangen/beginnen etw. zu tun
se sentir [səsɑ̃tiʀ]	sich fühlen
se sentir bien [səsɑ̃tiʀbjɛ̃]	sich wohl-/gut fühlen
un matin [ɛ̃matɛ̃]	eines Morgens
un **moment** [ɛ̃mɔmɑ̃]	ein Moment
sans *(+ infinitif)* [sɑ̃]	ohne zu *(+ Infinitiv)*
s'écrouler [sekʀule]	zusammenbrechen; *hier:* zerplatzen
se débrouiller [sədebʀuje]	zurecht kommen
tout seul/toute seule [tusœl/tutsœl]	ganz allein

Atelier

4	une **chose** [ynʃoz]	eine Sache
6	**en 2065** [ɑ̃dømilswasɑ̃tsɛ̃k]	im Jahre 2065
	jeune/jeune [ʒœn]	jung

LEÇON 3

B Petit boulot dans le métro

un **boulot** *(fam.)* [ɛ̃bulo]	ein Job *(ugs.)*
une **voiture** (de train/métro) [ynvwatyʀ]	*hier:* ein Waggon
Personne ne ... [pɛʀsɔnnə]	Niemand ...*(am Satzanfang)*
usé/usée [yze]	alt/abgenutzt
avoir l'air *(m.)* [avwaʀlɛʀ]	aussehen/scheinen
seulement [sœlmɑ̃]	nur
un **journal**/des **journaux** [ɛ̃ʒuʀnal/deʒuʀno]	eine Zeitung/Zeitungen
un/une **SDF** [ɛ̃/ynɛsdeɛf] (= **s**ans **d**omicile **f**ixe)	ein Obdachloser/eine Obdachlose
craquer [kʀake]	zusammenbrechen; *hier:* ausrasten/ausflippen
laisser tomber qc [lɛsetɔ̃be]	etw. fallen lassen
lancer qc [lɑ̃se]	etw. werfen
par terre [paʀtɛʀ]	auf den/dem Boden
une **pièce** [ynpjɛs]	eine Münze/ein Geldstück
ne ... toujours pas [nətuʒuʀpa]	immer noch nicht
réagir [ʀeaʒiʀ]	reagieren
ne ... même pas [nəmɛmpa]	nicht einmal
pleurer [plœʀe]	weinen
ramasser qc [ʀamase]	etw. aufsammeln
vers [vɛʀ]	zu *(in Richtung von ...)*
rendre qc à qn [ʀɑ̃dʀ]	jdm. etw. zurückgeben
pendant que [pɑ̃dɑ̃kə]	während *(+ Verb)*
repartir [ʀəpaʀtiʀ]	hier: wieder anfahren

C Didier entre en scène ...

une **scène** [ynsɛn]	*hier:* eine Bühne
entrer en scène [ɑ̃tʀeɑ̃sɛn]	auftreten
s'installer [sɛ̃stale]	sich niederlassen
un **endroit** [ɛ̃nɑ̃dʀwa]	ein Ort/eine Stelle
un **spectacle** [ɛ̃spɛktakl]	eine Vorführung
drôle/drôle [dʀol]	lustig/witzig
le **succès** [ləsyksɛ]	der Erfolg

LEÇON 3

un **chapeau**/des **chapeaux** [ɛ̃ʃapo/deʃapo]	ein Hut/Hüte
enlever son chapeau [ɑ̃ləvesɔ̃ʃapo]	den Hut abnehmen/ziehen
parfois [paʀfwa]	manchmal
reconnaître qn [ʀəkɔnɛtʀ]	jdn. wiedererkennen
le **public** [ləpyblik]	das Publikum/die Öffentlichkeit
parmi eux/elles [paʀmiø/ɛl]	unter ihnen *(bei Personen)*
Je suis venu(e) t'écouter. [ʒəsɥivənytekute]	Ich bin gekommen, um dich zu hören.
le **talent** [lətalɑ̃]	das Talent
faire du théâtre [fɛʀdyteatʀ]	Theater spielen
s'appeler [sap(ə)le]	heißen
une **pièce** (de théâtre) [ynpjɛs]	ein (Theater-)Stück
monter une pièce [mɔ̃teynpjɛs]	ein Bühnenstück vorbereiten

Atelier

1	un **rôle** [ɛ̃ʀol]	eine Rolle
3	une **émotion** [ynemosjɔ̃]	ein Gefühl
	avoir la pêche *(fam.)* [avwaʀlapɛʃ]	sehr gut drauf sein *(ugs.)*
	être en forme *(fam.)* [ɛtʀɑ̃fɔʀm]	gut drauf/(gut) in Form sein *(ugs.)*
	stressé/stressée [stʀese]	gestresst
	être déprimé/déprimée [ɛtʀdepʀime]	deprimiert sein

✎ **Wie lautet das Gegenteil?**

triste ≠ _____

souvent ≠ _____

la fin ≠ _____

avoir le cafard ≠ _____

LEÇON 3

Suche zwei Nomen aus dem Lektionswortschatz heraus, die den Plural auf -*aux* bilden, und übersetze sie.

_____

_____

Vervollständige die Tabelle mit der fehlenden männlichen beziehungsweise weiblichen Form des Nomens.

un SDF	
	une actrice
un coiffeur	

Welche Wörter kennst du, die zum Sachfeld *le théatre* passen? Nenne mindestens sechs.

LEÇON 3

✎ **Markiere alle Verben im Lektionsvokabular mit einem grünen Textmarker. Notiere Verben, …**
– die dir besonders gut „gefallen".

_____

_____

– die dir Schwierigkeiten bereiten.

_____

_____

✎ **In der Buchstabensuppe sind neun Verbformen versteckt. Markiere sie und ordne sie anschließend dem passenden Personalpronomen zu. Achtung: Einige Verbformen passen zu mehreren Personalpronomen.**

```
r r é r r é a g i s s o n s n m v
e n b n p l e u r e m l x i
n d e v i e n n e n t b s e
d v b d é c r o u v e z m n
s l a n c e n t m b v m w s
r e v e n o n s r é a g i t
```

je _____

tu _____

il/elle/on _____

nous _____

vous _____

ils/elles _____

LEÇON 3

Die verflixten kleinen Wörter. Übersetze.

vor (zeitlich) _____

dann/danach _____

nur _____

immer noch nicht _____

zu (in Richtung auf) _____

während _____

manchmal _____

Welche Wörter kennst du, die mit dem Sachfeld *les émotions* zu tun haben. Notiere mindestens vier und illustriere zwei.

LEÇON 3

✎ Welche Gefühlsäußerungen hat deine Mitschülerin/dein Mitschüler gezeichnet? Notiere die französischen Bezeichnungen.

_____

_____

✎ Gehe den Lektionswortschatz noch einmal durch und notiere dir die Wörter, die du dir morgen noch einmal einprägen möchtest.

_____

_____

_____

✎ Du hast un schon viele Vokabellerntipps bekommen. Welche beiden fallen dir spontan ein, weil sie dir gut geholfen haben? Notiere sie kurz.

_____

_____

_____

_____

_____

_____

LEÇON 4

TIPP: *Die Bedeutung vieler Adjektive dieser Lektion könnt ihr leicht aus dem Englischen und aus dem Deutschen ableiten. Achtet aber auf die Rechtschreibung:*
→ F agressif → D aggressiv.

D'abord: Ecoute-moi bien, Laïla.

la **cité** [lasite]	die Siedlung
la **banlieue** [labãljø]	der Vorort
enlever qc [ãləve]	etw. ausziehen
un **petit**/une **petite**/ des **petits**/des **petites** [ɛ̃p(ə)ti/ynp(ə)tit/ dep(ə)ti/dep(ə)tit]	ein Kleiner/eine Kleine/Kleine
tranquille/tranquille [trãkil]	ruhig; *hier:* in Ruhe
Laisse-moi tranquille! [lɛsmwatrãkil]	Lass mich in Ruhe!
sur ce ton [syrsətõ]	in diesem Ton

A Calme-toi, Laïla.

Il s'est passé quelque chose? [ilsɛpasekɛlk(ə)ʃoz]	Ist etwas passiert?
agressif/agressive [agrɛsif/agrɛsiv]	aggressiv/angriffslustig
s'énerver [senɛrve]	sich aufregen
se prendre pour ... [səprãdrpur]	sich für ... halten
traîner *(fam.)* [trɛne]	sich herumtreiben *(ugs.)*
un **caïd** *(fam.)* [ɛ̃kaid]	ein Anführer/Bandenchef *(ugs.)*
jouer au caïd [ʒweokaid]	sich als Chef aufspielen
je suis né/née [ʒəsɥine]	ich bin geboren
un **atelier** [ɛ̃natəlje]	ein Club
la **MJC** (= la Maison des Jeunes et de la Culture)	das MJC *(entspricht dem deutschen Jugendhaus)*

LEÇON 4

une **remarque** [ynʀəmaʀk]	eine Bemerkung
plutôt [plyto]	eher
un **stage** [ɛ̃staʒ]	ein Praktikum
une **agence** [ynaʒɑ̃s]	eine Agentur
la **publicité** [lapyblisite]	die Werbung
la **pub** [lapyb] *(fam.)*	die Werbung *(ugs.)*
une **agence de pub** *(fam.)* [ynaʒɑ̃sdəpyb]	eine Werbeagentur *(ugs.)*
pensif/pensive [pɑ̃sif/pɑ̃siv]	nachdenklich
un **conseil** [ɛ̃kɔ̃sɛj]	ein Rat

Atelier

2 un **journal intime** [ɛ̃ʒuʀnalɛ̃tim] — ein Tagebuch
sportif/sportive [spɔʀtif/spɔʀtiv] — sportlich
4 **actif/active** [aktif/aktiv] — aktiv
passif/passive [pasif/pasiv] — passiv
naïf/naïve [naif/naiv] — naiv

B Ne nous énervons pas.

être fier/fière de qn/qc [ɛtʀfjɛʀ/fjɛʀ]	auf jdn./etw. stolz sein
sérieux/sérieuse [seʀjø/seʀjøz]	ernst(haft)/seriös
un **métier** [ɛ̃metje]	ein Beruf
n'importe quoi [nɛ̃pɔʀt(ə)kwa]	*hier:* Quatsch/Blödsinn
un **menteur**/une **menteuse** [ɛ̃mɑ̃tœʀ/ynmɑ̃tøz]	ein Lügner/eine Lügnerin
se disputer [sədispyte]	sich streiten
s'inquiéter [sɛ̃kjete]	sich Sorgen machen
jaloux/jalouse [ʒalu/ʒaluz]	eifersüchtig
méchant/méchante [meʃɑ̃/meʃɑ̃t]	böse
malheureux/malheureuse [maløʀø/maløʀøz]	unglücklich

LEÇON 4

Ce n'est pas une raison pour s'énerver.	Das ist kein Grund sich aufzuregen.
furieux/furieuse [fyʀjø/fyʀjøz]	wütend
un **ordre** [ɛ̃nɔʀdʀ]	ein Befehl
donner des ordres à qn [dɔnedezɔʀdʀ]	jdm. etw. befehlen
être derrière qn [ɛtʀdɛʀjɛʀ]	*hier:* hinter jdm. her sein
se marier [səmaʀje]	heiraten
à ton âge [atɔ̃naʒ]	in deinem Alter
patient/patiente [pasjɑ̃/pasjɑ̃t]	geduldig
courageux/courageuse [kuʀaʒø/kuʀaʒøz]	mutig
intelligent/intelligente [ɛ̃teliʒɑ̃/ɛ̃teliʒɑ̃t]	schlau
une **chance** [ynʃɑ̃s]	eine (gute) Gelegenheit

Atelier

2 le **caractère** [ləkaʀaktɛʀ]   der Charakter

C Chanson pour Laïla

une **enveloppe** [ynɑ̃vlɔp]	ein Umschlag/Briefumschlag
un **mec**/des **mecs** *(fam.)* [ɛ̃mɛk/demɛk]	ein Kerl/Kerle *(ugs.)*
un **dealer** [ɛ̃dilœʀ]	ein Dealer/Drogenverkäufer
un **choix** [ɛ̃ʃwa]	eine Wahl
Ne vous laissez pas faire! [nəvulɛsepafɛʀ]	Lasst euch nichts gefallen!
se battre [səbatʀ]	kämpfen
un **chemin** [ɛ̃ʃəmɛ̃]	ein Weg
se retourner [səʀəturne]	sich umdrehen

Atelier

4 **Fiche-moi la paix.** *(fam.)* [fiʃmwalapɛ]   Lass mich (bloß) in Ruhe. *(ugs.)*

LEÇON 4

ailleurs [ajœʀ]	woanders
Va voir ailleurs. *(fam.)* [vavwaʀajœʀ]	Hau ab. *(ugs.)*
Tu me casses les pieds. *(fam.)* [tymɔkaslepje]	Du gehst mir (echt) auf die Nerven. *(ugs.)*
J'en ai ras le bol! *(fam.)* [ʒɑ̃neʀalbɔl]	Ich habe die Nase voll.

Markiere alle Adjektive gelb. Sortiere die Adjektive und übersetze sie. Welche Adjektive …
– bilden die weibliche Form durch Anhängen von *-e*?

_____

_____

_____

– bilden die weibliche Form auf *-euse*?

_____

_____

_____

– bilden die weibliche Form auf *-ive*?

_____

_____

_____

– bilden die männliche und die weibliche Form gleich?

_____

LEÇON 4

✎ Welche Wörter kannst du vom Englischen ableiten?
Notiere drei.

_____

_____

✎ Welche Wörter derselben Wortfamilie kennst du? Notiere.

une dispute _____

choisir _____

penser _____

✎ Notiere vier reflexive Verben aus dem Lektionsvokabular.

_____   _____

_____   _____

✎ Wähle ein reflexives Verb aus und konjugiere es.
Vergleiche mit deinem Mitschüler/deiner Mitschülerin.

je _____

tu _____

il/elle/on _____

nous _____

vous _____

ils/elles _____

LEÇON 4

✎ Welches Wort tanzt aus der Reihe? Markiere es.

métier	choix	chance	se battre
furieux	malheureux		petit
traîner	patient	jouer	traverser
banlieue	cité	stage	publicité

✎ Welche Wörter kennst du, mit denen du Eigenschaften beschreiben kannst. Notiere mindestens fünf.

_____   _____

_____   _____

_____   _____

✎ Was sagst du, wenn …

– dir jemand auf die Nerven geht?

_____

– du die Nase voll hast?

_____

– du deine Ruhe haben möchtest?

_____

– du wissen willst, ob etwas passiert ist?

_____

– etwas kein Grund zur Aufregung ist?

_____

LEÇON 4

✎ Welche Wörter findest du besonders ...

... schwierig (Schreibung)	... leicht zu merken	... schwer zu merken

✎ Welche Ausdrücke oder Wörter kennst du, die der Umgangssprache angehören? Nenne mindestens vier.

le langage familier

LEÇON 5

TIPP: *Achte beim Lernen auf eine gute und angenehme Beleuchtung.*

D'abord: Quels métiers est-ce que tu connais?

une **fiche** [ynfiʃ]	ein Blatt/eine Karteikarte
une **fiche-métier**/ des **fiches-métier** [ynfiʃmetje/defiʃmetje]	ein Berufsinformationsblatt
un **cuisinier**/une **cuisinière** [ɛ̃kɥizinje/ynkɥizinjɛʀ]	ein Koch/eine Köchin
la **qualité** [lakalite]	die Qualität; *hier:* die (guten) Eigenschaften
la **propreté** [lapʀɔpʀəte]	die Sauberkeit
la **formation** [lafɔʀmasjɔ̃]	die Ausbildung
le **CAP** [ləseape] *(= le certificat d'aptitude professionnelle)*	*entspricht dem Facharbeiterbrief*
le **BEP** [ləbəape] *(= le brevet d'études professionnelles)*	*entspricht dem Fachoberschulabschluss*
le **BTS** [ləbeteɛs] *(= le brevet de technicien supérieur)*	*Abschlusszeugnis nach 2-jähriger Fachausbildung nach dem Abitur (= BAC +2)*
un **professeur des écoles** [ɛ̃pʀɔfɛsœʀdezekɔl]	ein Grundschullehrer
enseigner [ɑ̃seɲe]	unterrichten
créatif/créative [kʀeatif/kʀeativ]	kreativ
le **bac** (= le baccalauréat) *(fam.)* [ləbak]	das Abi *(ugs.)*
un **mécanicien**/ une **mécanicienne** [ɛ̃mekanisjɛ̃/ynmekanisjɛn]	ein Kfz-Mechaniker/eine Kfz-Mechanikerin
réparer qc [ʀepaʀe]	etw. reparieren
adroit/adroite [adʀwa/adʀwat]	geschickt

LEÇON 5

un **bac pro** [ɛ̃bakpʀo] (= un bac professionnel)	*entspricht der Fachhochschulreife/dem Fachabitur*
un **animateur**/ une **animatrice** [ɛ̃nanimatœʀ/ynanimatʀis]	ein Fernsehmoderator/eine Fensehmoderatorin/ein Radiosprecher/eine Radiosprecherin
une **émission** (de télévision) [ynemisjɔ̃]	eine (Fernseh-)Sendung
s'intéresser à qc [sɛ̃teʀesea]	sich für etw. interessieren
l'**actualité** *(f.)* [laktɥalite]	das Tagesgeschehen
un **employé**/une **employée** [ɛ̃nɑ̃plwaje/ynɑ̃plwaje]	ein Angestellter/ eine Angestellte
la **banque** [labɑ̃k]	die Bank
un **infirmier**/une **infirmière** [ɛ̃nɛ̃fiʀmje/ynɛ̃fiʀmjɛʀ]	ein Krankenpfleger/ eine Krankenschwester
soigner qn [swaɲe]	jdn. pflegen

A Choisir un stage

une **entreprise** [ynɑ̃tʀəpʀiz]	ein Unternehmen/eine Firma
Pas comme toi. [pakɔmtwa]	Nicht wie du.
un **secrétaire**/une **secrétaire** [ɛ̃səkʀetɛʀ/ynsəkʀetɛʀ]	ein Sekretär/eine Sekretärin
une **photocopie** [ynfɔtɔkɔpi]	eine Fotokopie
un **bureau** [ɛ̃byʀo]	ein Büro
une **réunion** [ynʀeynjɔ̃]	eine Besprechung/ein Treffen
un **concours** [ɛ̃kɔ̃kuʀ]	ein Wettbewerb
passer un concours [paseɛ̃kɔ̃kuʀ]	an einem Wettbewerb *(erfolgreich)* teilnehmen
dur/dure [dyʀ/dyʀ]	hart
mal [mal]	schlecht
payer [peje]	bezahlen
mal payé/mal payée [malpeje]	schlechtbezahlt
avoir envie de faire qc [avwaʀɑ̃vidəfɛʀ]	Lust haben etw. zu tun
un **informaticien**/ une **informaticienne** [ɛ̃nɛ̃fɔʀmatisjɛ̃/ynɛ̃fɔʀmatisjɛn]	ein Informatiker/ eine Informatikerin

LEÇON 5

en plus [ɑ̃plys]	und obendrein/dazu/außerdem
un **programme** [ɛ̃pʀɔgram]	ein Programm
il suffit de faire qc [ilsyfidəfɛʀ]	es reicht aus, etw. zu tun/man muss nur etw. tun
local/locale [lɔkal]	örtlich/lokal

Atelier

2 un **inconvénient** [ɛ̃nɛ̃kõvenjɑ̃] ein Nachteil

B A la radio *Jeunes-Lyon*

comme [kɔm]	da/weil
un **entretien** [ɛ̃nɑ̃tʀətjɛ̃]	ein Gespräch
nerveux/nerveuse [nɛʀvø/nɛʀvøz]	aufgeregt/nervös
ne … personne [nə…pɛʀsɔn]	niemand
Elle ne connaît personne. [ɛlnəkɔnɛpɛʀsɔn]	Sie kennt niemanden.
un **assistant**/une **assistante** [ɛ̃nasistɑ̃/ynasistɑ̃t]	ein Assistent/eine Assistentin
si [si]	ob
un **directeur**/une **directrice** [ɛ̃diʀɛktœʀ/yndiʀɛktʀis]	ein Leiter/eine Leiterin; *hier:* ein Geschäftsführer/eine Geschäftsführerin
savoir [savwaʀ]	wissen
les **médias** *(m., pl.)* [lemedja]	die Medien
faire partie de qc [fɛʀpaʀtidə]	zu etw. gehören
l'**ambition** *(f.)* [lɑ̃bisjõ]	der Ehrgeiz/die Ambition
avoir de l'ambition *(f.)*	ehrgeizig sein
la **peine** [lapɛn]	die Mühe
Ça vaut la peine. [savolapɛn]	Es lohnt sich./Es ist die Mühe wert.
Excuse-moi./Excusez-moi. [ɛkskyzmwa/ɛkskyzemwa]	Entschuldige./Entschuldigen Sie.
informer qn [ɛ̃fɔʀme]	jdn. informieren

LEÇON 5

la **météo** [lameteo]	der Wetterbericht/die Wettervorhersage
un **micro** (= *un microphone*) [ɛ̃mikʀo]	ein Mikrofon
Je veux bien. [ʒəvøbjɛ̃]	Ich möchte gern.
présenter qn à qn [pʀezɑ̃te]	jdn. jdm. vorstellen
un **technicien**/une **technicienne** [ɛ̃tɛknisjɛ̃/yntɛknisjɛn]	ein Techniker/eine Technikerin
dont [dõ]	davon
un **salaire** [ɛ̃salɛʀ]	ein Lohn/Gehalt

Atelier

4

un **appareil** [ɛ̃napaʀɛj]	ein Apparat
à l'appareil [alapaʀɛj]	am Telefon/Apparat
un **instant** [ɛ̃nɛ̃stɑ̃]	ein Augenblick
Je vous le/la passe. [ʒəvulə/lapas]	Ich gebe ihn/sie Ihnen.
Ne quittez pas. [nəkitepa]	Bitte bleiben Sie am Apparat.
rappeler [ʀaple]	zurückrufen/wieder anrufen
une **ligne** [ynliɲ]	eine Verbindung/Leitung
le **numéro de ligne directe** [lənymeʀodəliɲədiʀɛkt]	die Durchwahl(nummer)

5 **quelqu'un** [kɛlkɛ̃] — jemand

C Mon stage dans une radio locale

un **site (Internet)** [ɛ̃sit(ɛ̃tɛʀnɛt)]	eine Website
manquer [mɑ̃ke]	fehlen
Il me manque qc. [ilməmɑ̃k]	Mir fehlt etwas.
la **technique** [latɛknik]	die Technik
programmer qc [pʀɔgʀame]	etw. programmieren
compliqué/compliquée [kõplike/kõplike]	kompliziert
une **interview** [ynɛ̃tɛʀvju]	ein Interview
un **autographe** [ɛ̃nɔtɔgʀaf]	ein Autogramm
au lieu de [oljødə]	(an)statt
la **honte** [laõt]	die Schande

LEÇON 5

La honte! [laɔ̃t]	Oh Schande!/Wie peinlich!
tellement [tɛlmɑ̃]	so (sehr)
un **gâteau** [ɛ̃gato]	ein Kuchen
un **gâteau au chocolat** [ɛ̃gatooʃɔkɔla]	ein Schokoladenkuchen
en [ɑ̃]	davon

Atelier

5 un **dictionnaire** [ɛ̃diksjɔnɛʀ]   ein Wörterbuch

✎ Welche Wörter kennst du schon, die mit dem Sachfeld *les métiers* zu tun haben. Nenne mindestens sechs.

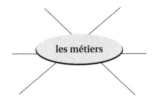

✎ Ergänze ein Wort aus derselben Wortfamilie.

un programme → _____

intéressant(e) → _____

une information → _____

la technique → _____

la cuisine → _____

LEÇON 5

✎ Welche Wörter kannst du vom Deutschen ableiten? Notiere mindestens sechs.

_____   _____

_____   _____

_____   _____

✎ Welche Wörter verbindest du mit den angegebenen Begriffen? Notiere auch Vokabeln, die du bereits früher gelernt hast.

>   Beispiel: un professeur des écoles
>   → enseigner, la formation, les élèves,
>   travailler avec les élèves, patient

un cuisinier → _____

un infirmier → _____

un mécanicien → _____

une secrétaire → _____

✎ Notiere drei Nomen, die du morgen wiederholen möchtest (;-)).

_____

_____

LEÇON 5

✎ Markiere alle männlichen Nomen mit blauem und alle weiblichen Nomen mit rotem Textmarker.

✎ Suche zwei Verben aus dem Lektionsvokabular heraus, die *unregelmäßig* sind und konjugiere sie anschließend.

_____   _____

je _____   je _____

tu _____   tu _____

il/elle/on _____   il/elle/on _____

nous _____   nous _____

vous _____   vous _____

ils/elles _____   ils/elles _____

✎ Was passt zusammen? Notiere.

un concours   payé   partie de qc   envie de faire qc

avoir _____

passer _____

faire _____

mal _____

✎ Welche Ausdrücke kennst du schon, die man *beim Telefonieren* braucht? Notiere vier.

✎ Kennst du andere Wörter, die zum Sachfeld *Telefonieren* gehören? Notiere mindestens zwei.

_____   _____

✎ Welche französischen Schulabschlüsse kennst du? Notiere.

_____

_____

✎ **Die verflixten kleinen Wörter. Übersetze.**

jemand _____

(an)statt _____

ob _____

da, weil _____

außerdem/ und obendrein/dazu _____

✎ **Welche Wörter verstecken sich in der Vokabelschlange? Markiere sie zunächst und übersetze sie anschließend.
Füge den unbestimmten Artikel bei den Nomen hinzu.**

_____

_____

_____

_____

LEÇON 6

TIPP: *Lass dir für jede Vokabel genügend Zeit. Sprich die neue Vokabel mehrmals laut und deutlich vor dich hin. Präge dir jedes Wort gut ein.*

D'abord: Tous ensemble en vacances!

une **troupe (de théâtre)** [yntʀup(dəteatʀ)]	eine (Theater-)Truppe
devant [dəvɑ̃]	vorn/vorne
la **route** [laʀut]	die Straße; *hier:* der Weg/die Route
conduire [kɔ̃dɥiʀ]	fahren
aussi … que [osi … kə]	so … wie
lourd/lourde [luʀ/luʀd]	schwer
c'est pour ça que … [sɛpuʀsakə]	deshalb *(ugs.)*
Vous avez de la chance de partir en train. [vuzavedəlaʃɑ̃sdəpaʀtiʀɑ̃tʀɛ̃]	Ihr habt Glück: ihr könnt mit dem Zug fahren.
moins … que [mwɛ̃ … kə]	weniger … als
être bien installé/ée [ɛtʀbjɛ̃nɛ̃stale]	(es) sich gemütlich gemacht haben
faire du stop [fɛʀdystɔp]	trampen/per Anhalter fahren

A Sur la route d'Avignon

un **festival** [ɛ̃fɛstival]	ein Festival
le **meilleur**/la **meilleure**/les **meilleurs**/les **meilleures** … [ləmɛjœʀ/lamɛjœʀ/lemɛjœʀ/lemɛjœʀ]	der beste/die beste/das beste/die besten …
la **pluie** [laplɥi]	der Regen
le **temps** [lətɑ̃]	das Wetter
Il pleut. [ilplø]	Es regnet.
s'arrêter [saʀɛte]	anhalten

LEÇON 6

une **autoroute** [ynotoʀut]	eine Autobahn
une **aire d'autoroute** [ynɛʀdotoʀut]	eine Autobahnraststätte
l'**essence** *(f.)* [lɛsɑ̃s]	das Benzin
prendre de l'essence [pʀɑ̃dʀdəlɛsɑ̃s]	tanken
plein/pleine [plɛ̃/plɛn]	voll
faire le plein [fɛʀləplɛ̃]	volltanken
s'approcher de qn [sapʀɔʃe]	sich jdm. nähern
un **char** [ɛ̃ʃaʀ]	ein Panzer
un **Canadien**/une **Canadienne** [ɛ̃kanadjɛ̃/ynkanadjɛn]	ein Kanadier/eine Kanadierin
emmener qn [ɑ̃m(ə)ne]	jdn. mitnehmen
les **bagages** *(m., pl.)* [lebagaʒ]	das Gepäck
voyager [vwajaʒe]	reisen
siffler [sifle]	pfeifen
être d'accord pour faire qc [ɛtʀdakɔʀpuʀfɛʀ]	damit einverstanden sein, etw. zu tun
s'installer [sɛ̃stale]	Platz nehmen
un **minibus** [ɛ̃minibys]	ein Kleinbus/Campingbus/Van
italien/italienne [italjɛ̃/italjɛn]	italienisch
l'**Italie** *(f.)* [itali]	Italien
un **avion** [ɛ̃navjɔ̃]	ein Flugzeug
Il fait beau. [ilfɛbo]	Es ist schönes Wetter.
un **degré** [ɛ̃dəgʀe]	ein Grad
le **ciel** [ləsjɛl]	der Himmel
un **nuage** [ɛ̃nɥaʒ]	eine Wolke
déposer qc/qn [depoze]	etw. abstellen/jdn. absetzen

Atelier

3	un **habitant**/une **habitante** [ɛ̃nabitɑ̃/ynabitɑ̃t]	ein Einwohner/eine Einwohnerin
4	le **hit-parade** [lɔitpaʀad]	die Hitparade

LEÇON 6

B Une mauvaise surprise

y [i]	dort/dorthin
assez *(+ adj.)* [ase]	ziemlich
difficile/difficile [difisil]	schwierig
un **pays** [ɛ̃pei]	ein Land
un **artiste**/une **artiste** [ɛ̃naʀtist/ynaʀtist]	ein Künstler/eine Künstlerin
un **distributeur** [ɛ̃distʀibytœʀ]	ein Automat; *hier:* ein Geldautomat
le **vent** [ləvɑ̃]	der Wind
monter qc [mɔ̃te]	*hier:* etw. aufstellen/aufbauen
Il fait chaud. [ilfɛʃo]	Es ist warm. *(= Wetter)*
une **épicerie** [ynepisʀi]	ein *(kleines)* Lebensmittelgeschäft
se laver [səlave]	sich waschen
disparaître [dispaʀɛtʀ]	verschwinden
à ce moment-là [asəmɔmɑ̃la]	in diesem Augenblick
prêter qc [pʀɛte]	etw. leihen
rapporter qc [ʀapɔʀte]	etw. mitbringen/zurückbringen
un **croissant** [ɛ̃kʀwasɑ̃]	ein Croissant
sûrement [syʀmɑ̃]	bestimmt/gewiss
normal/normale [nɔʀmal/nɔʀmal]	normal
C'est à moi. [sɛtamwa]	Das gehört mir.
Elle n'est pas à moi. [ɛlnɛpa(z)amwa]	Es *(= das Kleid)* gehört mir nicht.
les **fringues** *(fam., f., pl.)* [lefʀɛ̃g]	die Klamotten *(ugs.)*
joli/jolie [ʒɔli/ʒɔli]	hübsch

Atelier

4
l'**Europe** *(f.)* [løʀɔp]	Europa
l'**Espagne** *(f.)* [lɛspaɲ]	Spanien
le **Portugal** [ləpɔʀtygal]	Portugal
l'**Angleterre** *(f.)* [lɑ̃glətɛʀ]	England
l'**Irlande** *(f.)* [liʀlɑ̃d]	Irland
les **Pays-Bas** *(m., pl., f.)* [lepɛiba]	die Niederlande

LEÇON 6

l'**Autriche** (f.) [lotriʃ]	Österreich
le **Danemark** [lədanmark]	Dänemark
la **Suisse** (f.) [lasɥis]	die Schweiz
la **République Tchèque** [larepybliktʃɛk]	Tchechien
la **Hongrie** (f.) [laõgri]	Ungarn
la **Pologne** (f.) [lapɔlɔɲ]	Polen

C Où allez-vous?

un **centre de vacances** [ɛ̃sɑ̃trdəvakɑ̃s]	ein Ferienlager/Urlaubscenter
chacun/chacune [ʃakɛ̃/ʃakyn]	jeder/jede (einzelne)
laisser qc à qn [lɛse]	jdm. etw. überlassen
Où vas-tu? [uvaty]	Wohin gehst du?
une **montre** [ynmõtr]	eine Armbanduhr
une **botte** [ynbɔt]	ein Stiefel; *hier:* ein Reitstiefel
C'est toujours pareil avec toi.	Es ist immer dasselbe mit dir.
Le bus passe à 15 heures.	Der Bus kommt um 15.00 Uhr (vorbei).
vieux/vieil/vieille/vieux/vieilles [vjø/vjɛj/vjɛj/vjø/vjɛj]	alt
peureux/peureuse [pørø/pørøz]	ängstlich
C'est ma route. [sɛmarut]	Das liegt auf meinem Weg.
fou/folle/fous/folles [fu/fɔl/fu/fɔl]	verrückt
Ne fais pas la difficile! [nəfɛpaladifisil]	*hier:* Stell dich (jetzt) nicht so an!
le **soleil** [ləsɔlɛj]	die Sonne
sous le soleil [suləsɔlɛj]	in der Sonne
Elle ne dit pas grand-chose. [ɛlnəditpagrɑ̃ʃoz]	Sie sagt nicht viel.
garer qc [gare]	etw. parken/abstellen
un **arbre** [ɛ̃narbr]	ein Baum
un **café** [ɛ̃kafe]	ein Café/eine (kleine) Kneipe

Atelier

5 **neiger** [neʒe]   schneien
   la **neige** [lanɛʒ]   der Schnee
   un **orage** [ɛ̃ɔʀaʒ]   ein Gewitter
6 le **bulletin météo**   der Wetterbericht
   [ləbyltɛ̃meteo]

✎ Erstelle ein Vokabelnetz zum Sachgebiet *le voyage*.
  Notiere mindestens acht Wörter.

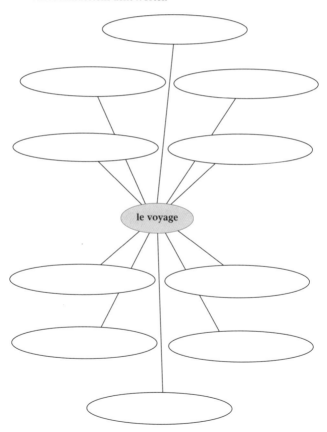

LEÇON 6

Beschreibe, wie das Wetter auf den Bildern ist.

_____ _____

_____ _____

_____ _____

_____ _____

_____ _____

LEÇON 6

Ergänze ein Wort derselben *Wortfamilie*.

il pleut → _____

neiger → _____

le garage → _____

le voyage → _____

avoir peur → _____

Markiere alle Adjektive gelb. Bilde mit zwei Adjektiven einen Satz.

_____

_____

_____

Die verflixten kleinen Wörter. Übersetze.

vorn/vorne _____

deshalb _____

ziemlich _____

in diesem Augenblick _____

bestimmt/gewiss _____

jeder/jede _____

LEÇON 6

Welche Verkehrsmittel kennst du? Notiere mindestens fünf.

_____

_____

_____

Wähle zwei Verkehrsmittel aus und zeichne sie.
Zeige sie deinem Mitschüler/deiner Mitschülerin.
Er/Sie soll die Verkehrsmittel auf Französisch benennen.

Was sagst du, wenn ...
– ... etwas dir gehört?

_____

– ... du einverstanden bist, das Zimmer aufzuräumen?

_____

– ... du vergessen hast, die Hausaufgaben zu machen?

_____

– ... Julia nicht viel sagt?

_____

– ... du es dir gemütlich gemacht hast?

_____

Sieh dir die Karte an und mache die folgende Übung.

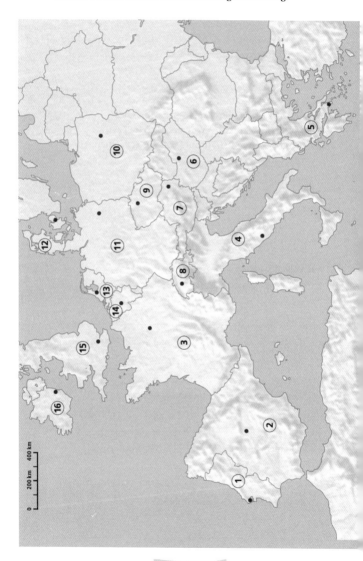

LEÇON 6

Notiere die Ländernamen entsprechend den Ziffern und schreibe die Landeshauptstadt (auf Französisch!) dazu.

1 _____

2 _____

3 _____

4 _____

5 _____

6 _____

7 _____

8 _____

9 _____

10 _____

11 _____

12 _____

13 _____

14 _____

15 _____

16 _____

Wie lautet das *Gegenteil*?

sous le soleil ≠ _____

jeune ≠ _____

il fait froid ≠ _____

il fait mauvais ≠ _____

facile ≠ _____

plus … que ≠ _____

Wiederhole die Vokabeln der Leçon 6 noch einmal. Welche Vokabeln …

– **kannst du dir gut merken?**

_____

_____

_____

– **bereiten dir Schwierigkeiten?**

_____

_____

_____

Wiederhole die problematischen Wörter morgen noch einmal schriftlich.

_____

LÖSUNGEN

Leçon 1

1. un guitariste, la musique pop-rock, le chef, un instrument, un concert
2. sans lui, fermé/fermée, peu de, dernier/dernière, finir qc, une solution, seul/seule
3. siehe Schülerbuch, Seite 116/117
4. finir qc, choisir qc, applaudir qn, réfléchir
5. Musterkonjugation: je choisis, tu choisis, il/elle/on choisit, nous choisissons, vous choisissez, ils/elles choisissent
6. un reportage, croire, un morceau, depuis, le courant
7. presque, même, depuis
8. exagérer: j'exagère, tu exagères, il/elle/on exagère, nous exagérons, vous exagérez, ils/elles exagèrent
9. Satz 2 und 4 passen.
10. prendre une décision, compter sur qn, tomber malade

Leçon 2

1. rêve, s'excuser, quand même, téléphérique, se préparer, sévère, se depecher, contraire, surprise
2. siehe Schülerbuch, Seite 122
3. Bild links: Satz 3, Bild rechts: Satz 6
4. un rêve, la vie, se blesser
5. il se réveille, nous nous dépêchons, je m'appelle, les filles s'habillent, tu te reposes, vous vous excusez, nous nous faisons du souci, je me calme
6. Ça suffit!, Je me demande si les corres vont bien arriver., Je prends le téléphérique., La semaine s'est bien passée., Comment ça s'est passé?, Bonne nuit!
7. Musterbeispiele:
   le matin: se lever, se doucher, prendre son petit-déjeuner, s'habiller, se dépêcher etc.
   à midi: manger, boire
   l'après-midi: se reposer, jouer, faire ses devoirs, écouter de la musique etc.
   le soir: se coucher, regarder la télé, manger, boire etc.
8. tôt, froid/froide, se coucher, la nuit

LÖSUNGEN

Leçon 3

1. drôle, parfois, le début, avoir la pêche
2. un journal – des journaux, un chapeau – des chapeaux
3. une SDF, un acteur, une coiffeuse
4. siehe Schülerbuch, Vokabular von Lektion 3
5. je: rends, viens, pleure; tu: rends, viens; il/elle/on: réagit, pleure; nous: revenons, réagissons; vous découvrez; ils/elles: deviennent, lancent
6. il y a, ensuite, seulement, ne … toujours pas, vers, pendant que, parfois
7. siehe Schülerbuch, Seite 126 – 129.

Leçon 4

1. Adjektive auf *-e*: fier/fière, méchant/méchante – böse, patient – patiente – geduldig, intelligent/intelligente – schlau;
Adjektive auf *-euse*: sérieux/sérieuse – ernsthaft/seriös, malheureux/malheureuse – unglücklich, furieux/furieuse – wütend, courageux/courageuse – mutig;
Adjektive auf *-ive*: agressif/agressive – aggressiv, pensif/pensive – nachdenklich, sportif/sportive – sportlich, actif/active – aktiv, passif/passive – passiv, naïf/naïve – naiv;
Gleiche Formen: tranquille
2. Zum Beispiel: la cité, une agence, la publicité, actif, jaloux, furieux, une chance, intelligent, courageux …
3. se disputer, un choix, pensif/pensive
4. s'énerver, se prendre pour …, se disputer, s'inquiéter, se marier, se battre, se retourner
5. Beispiel für Konjugation: se disputer: je me dispute, tu te disputes, il se dispute, nous nous disputons, vous vous disputez, ils se disputent
6. se battre, petit, patient, un stage

7. Tu me casses les pieds. J'en ai ras le bol.
   Laisse-moi tranquille! Il s'est passé quelque chose?
   Ce n'est pas une raison pour s'énerver.
8. Langage familier: Laisse-moi tranquille! traîner, jouer au caïd, un mec/des mecs, Fiche-moi la paix! Va voir ailleurs.

Leçon 5
1. siehe Lektionsvokabular im Schülerbuch, Seite 134 – 138
2. programmer, s'intéresser à qn/qc, informer qn, un informaticien, un technicien/une technicienne, un cuisinier/une cuisinière, faire la cuisine
3. la qualité, créatif/créative, un mécanicien/une mécanicienne, s'intéresser à qn/qc, un programme, nerveux/nerveuse, un directeur/une directrice, un assistant/une assistante, programmer, la technique, la photocopie, compliqué, une interview, présenter qn à qn, un technicien/une technicienne, l'ambition
4. un cuisinier: la cuisine, faire la cuisine, préparer un répas, travailler vite, travailler en équipe, un couteau, une cuillère, le couscous etc.
   un infirmier: l'hôpital, soigner qn, mal payé, malade, dur, travailler la nuit etc.
   un mécanicien: réparer, la voiture, le garage
   une sécrétaire: téléphoner, écrire, l'ordinateur, un bureau, la photocopie, une entreprise, une réunion etc.
5. payer, savoir
   Payer: je paie, tu paies, il/elle/on paie, nous payons, vous payez, ils/elles paient
   Savoir: je sais, tu sais, il/elle/on sait, nous savons, vous savez, ils/elles savent
6. avoir envie de faire qc, passer un concours, faire partie de qc, mal payé
7. A l'appareil., Un instant, s'il vous plaît., Je vous le/la passe., Ne quittez pas.

LÖSUNGEN

8. une ligne, rappeler, un numéro de ligne directe, téléphoner, le téléphone
9. le CAP, le BEP, le BTS, le bac, le bac pro
10. quelqu'un, au lieu de, si, comme, en plus
11. adroit – geschickt, dur – hart, un inconvénient – ein Nachteil, un gâteau – ein Kuchen

Leçon 6

1. siehe Lektionsvokabular im Schülerbuch Seite 140 – 144 + bereits gelernter Wortschatz siehe *Liste des mots*
2. 1) Il fait chaud., Il y a du soleil. , Il fait beau. 2) Il y a des nuages. Il fait froid., Il pleut. , Il fait mauvais. 3) Il fait 40 degrés., Il fait chaud. 4) Il y a du vent. 5) Il y a du soleil., Il fait chaud. 6) Il pleut. 7) Il neige., Il y a de la neige. Il fait froid. 8) Il y a de l'orage.
3. la pluie, la neige, garer, voyager, peureux/peureuse
4. devant, c'est pour ça que, assez, à ce moment-là, sûrement, chacun/chacune
5. le bus, le vélo, le train, l'avion, le minibus, la voiture, le téléphérique
6. 1. C'est à moi. 2. Je suis d'accord pour ranger ma chambre. 3. J'ai oublié (de faire) mes devoirs. 4. Julia ne dit pas grand-chose. 5. Je me suis bien installé(e).
7. 1. le Portugal: Lisbonne; 2. l'Espagne: Madrid; 3. la France: Paris; 4. l'Italie: Rome; 5. la Grèce: Athènes; 6. la Hongrie: Budapest; 7. l'Autriche: Vienne; 8. la Suisse: Berne; 9. la République Tchèque: Prague; 10. la Pologne: Varsovie; 11. l'Allemagne: Berlin; 12. le Danemark: Copenhague; 13. les Pays-Bas: Amsterdam; 14. la Belgique: Bruxelles; 15. l'Angleterre: Londres; 16. l'Irlande: Dublin
8. sous la pluie, vieux/vieil/vieille, il fait chaud, il fait beau, difficile, moins … que